D0415170

WOLF ONE-EYE
VILKS VIENACIS

Juris Kronbergs

WOLF ONE-EYE
VILKS VIENACIS

Translated by Mara Rozitis
Introduced by Jaan Kaplinski

PUBLICATIONS
2006

Published by Arc Publications,
Nanholme Mill, Shaw Wood Road
Todmorden OL14 6DA, UK

Copyright © Juris Kronbergs 2006
Translation copyright © Mara Rozitis 2006
Introduction copyright © Jaan Kaplinski 2006

Design by Tony Ward
Printed in Great Britain by the
MPG Books Group, Bodmin and King's Lynn

ISBN-13: 978 190461433 3
ISBN-10: 1 904614 33 7

Acknowledgments:
The collection *Vilks Vienacis* was originally published as a
bilingual Latvian / Swedish edition in 1996 by Minerva in
Riga, except for the poems on pages102-123 of this volume
which are published here for the first time.

The author and translator are grateful to the State Culture
Capital Foundation of Latvia and to the Latvian Literature
Centre for their support of their work.

The publishers thank the
State Culture Capital Foundation of Latvia
and the Latvian Literature Centre
for their financial help with translation costs.

Cover illustration © Egils Kronbergs 2006

The publishers acknowledge financial assistance
from ACE Yorkshire

**Arc Publications: 'Visible Poets' series
Editor: Jean Boase-Beier**

CONTENTS

SERIES EDITOR'S NOTE

There is a prevailing view of translated poetry, especially in England, which maintains that it should read as though it had originally been written in English. The books in the 'Visible Poets' series aim to challenge that view. They assume that the reader of poetry is by definition someone who wants to experience the strange, the unusual, the new, the foreign, someone who delights in the stretching and distortion of language which makes any poetry, translated or not, alive and distinctive. The translators of the poets in this series aim not to hide but to reveal the original, to make it visible and, in so doing, to render visible the translator's task too. The reader is invited not only to experience the unique fusion of the creative talents of poet and translator embodied in the English poems in these collections, but also to speculate on the processes of their creation and so to gain a deeper understanding and enjoyment of both original and translated poems.

Jean Boase-Beier

TRANSLATOR'S PREFACE

It all began innocently enough… just a quick English translation of the odd Latvian poem that was needed for some poetry festival or seminar, usually at very short notice (like the night before). My only qualifications were that I was an English-speaking Latvian, having grown up in Australia, and that I was available, being Juris' partner. The guiding principle for these initial translations was simple: they had to be sufficiently close to the author's own voice as to allow him to read them in public without embarrassment and with a certain amount of conviction. The personality of the poet could gloss over and carry the rougher bits. After quite a number of festivals there were more than a few poems from his Wolf One-Eye collection at this relatively basic level of English. But even at this primitive stage, the reception they got at readings was always positive and encouraging.

But then the demands grew dramatically, now the translations were needed for publication. It was then that the real problems began. I was suddenly faced with that whole, much-written-about barrage of apparently insoluble problems that assail more seasoned translators. I had a sneaking suspicion that my qualifications (English speaking and available) may not have prepared me adequately for this new challenge. But I was encouraged by two wonderful, though slight coincidences. The name of the poetic protagonist, Wolf One-Eye, rolls off the tongue just as easily in English as in Latvian, with the same alliteration, the same balance and weight, the same tonal quality. But even better than this, I discovered that his initials in English spell W.O.E. Considering this to be a good omen for the translatability of the whole collection, the woeful tale of Wolf, I was foolhardy enough to forge on.

I discovered that translating is essentially a problem-solving task, or rather a complex of problem-solving tasks, the solution of which is always compromise. I began each translation with a transliteration, a word for word literal translation of the verbal matter of the poem with no literary pretensions at all, no attempt to indicate the manner of the poem. This helped to establish in my mind the specific differences between the structures of both languages, which were considerable, as well as to highlight each poem's complex tissue of verbal and tonal issues that became even clearer because

11

it was so painfully missing from the literal translation. This preamble was followed by minimal prodding and verbal poking, lots of leafing through dictionaries, checking synonyms, idioms, all very conscious and hardly creative, until one line or phrase or image suddenly 'worked' in English. By 'worked' I mean it seemed to connect with the deeper meaning or essence of the original, because the literal translation was often very far from its true meaning. This then was the key that opened up and animated the next stage of translation. Robert Hass has compared translating with doing crosswords[1], and finding this key is like solving one clue that opens up a whole corner area. All the clues are given in the original poem, but of course there is not only one correct translation solution to the whole crossword of the poem but each bit of your solution must slot in neatly with your other bits. Like a jigsaw. While focusing on separate bits one must never lose sight of the whole. Rather like being simultaneously on the path and at the end of the path. Sounds like meditation practice! Interestingly though, the key line or phrase or rhyme that opened up each poem in English had often disappeared by the time the translation had been polished to its final version. But it served its purpose.

By now, after much chopping and changing, fiddling and rearranging, the English version began to take some kind of shape, a vague approximation of some of the elements of the original. But of course all the pieces did not slot together smoothly. All the clues did not produce an immediate straightforward solution. Among the poetic devices that Kronbergs is particularly fond of are sound and sense associations and plays on words and phrases. In the Latvian poems there are countless idioms, proverbs, stock-phrases and colloquial expressions turned upside down or inside out. Here I had to take a number of liberties, but by now I had discovered a new qualification to add to my resume: the availability of the poet, which meant that he could be consulted and quizzed about the aptness of various substitutions in English where I felt that a straight translation would cloud rather than uncover the spirit of the poem. These discussions could easily become quite heated and often did. Sometimes the final comment would be that if there was no way of get-

---

[1] 'Common Language: Robert Hass in Coversation', *American Poet*, Spring 1996

ting a poem into any kind of English shape I could just leave it out (one that comes to mind is 'Wolf One-Eye's Burden' which, in the original Latvian, is almost pure sound play on the words/images : 'tuksnesis' which means desert and 'tukšnesis' which is Juris' own compound word and means carrier of emptiness.) This was, quite obviously to me, just Juris' polite way of saying that he thought I was not a good enough translator, so after the appropriate scene I would huff away and with the help of a good dose of adrenaline and angry determination I clawed my way close enough to the mindscape of both Wolf and the poet to be able to come up with a slightly looser rendition which seemed to work in English on some of the levels that it did in the Latvian original. Looking back it seems there could have been more psychology than literature in some of these exchanges. No poem from the original collection was left out.

One rule of thumb I adopted was to keep the English lines more or less the same length as the Latvian lines. This was necessary to keep from incorporating interpretation into the translation that seems to be a natural tendency of the not so experienced translator. It also ensured that the terseness and energetic thrust of the original was preserved. This led, however, to some grammatical liberties, for instance there are more plurals in the English renditions because Latvian, being a synthetic language, is a lot more concise because prefixes, suffixes and grammatical endings carry meaning; so a short four syllable 'koks aug kalnā' expands in English to an eleven syllable 'there is a tree is growing on the mountain' which, if sense permitted, would shrink in the translation to a four syllable 'trees on mountains'. Fewer syllables but more trees.

What is interesting in regard to the Latvian language of the originals and which was, perhaps one of the most difficult things to suggest in the translation, is its quality of 'otherness'. Juris grew up and began writing in exile and the impulses that informed his poetic diction were different from those experienced by poets in Soviet and post-Soviet Latvia. I also think that it is this quality that makes his work so attractive to a Latvian audience. I made no conscious decision to translate this aspect of the language, this otherness or strangeness, but there was definitely a strong awareness of it, which probably influenced the final version in English.

13

On one level this cycle of poems is also about exile. Wolf, an exile from one mythological landscape finds himself in a new mythology of quarks and event horizons in shrinking, expanding and alternating universes and this sense of dislocation is echoed linguistically with scraps of the older language of folklore mixed together with the newer language of quantum physics. And as if that wasn't enough, there are two different voices in the poems, both with their own distinct accent, that of the poet/narrator and that of Wolf, the protagonist.

Marguerite Yourcenar[2] advised translators to reconstruct the library of the author they are translating. This was easier to accomplish than all the rest. Not only was the library at hand but also years of conversation about various books, authors, theories provided a ready-made background to the world of the poems as well as a couple of handy short cuts. The initial impetus for the poems was a detached retina that Juris suffered in 1996 so references to retinas and cones and rods were more easily decipherable. But there were moments when this proximity verged on a hindrance rather than a help as there seemed to be such a profusion of background information as well as my own personal involvement in events that were precursors to the poems, that a can't-see-the-wood-for-the-trees reaction set in. Then it was time for stepping back and reframing things more objectively.

During the whole experience of translating I often had the sensation of being with 'Wolf One-Eye at the circus' performing the walk on a tightrope act. One end of the rope was tied very securely to the original poems but the other end extended into darkness and did not feel that it was secured anywhere at all. Not only did I have to balance but I had to juggle countless balls. But had I even picked up the right ones?

And then it was done. Done but not finished. Readers will take it a step further, enriching it with their own imaginations, reflections and experiences. Then the next translator will take it even further but probably in a completely different direction.

Mara Rozitis

---

[2] quoted on the British Council website www.literarytranslation.com

INTRODUCTION

Juris Kronbergs is certainly somebody whose texts I can recommend to any reader interested in poetry that is imaginative and intellectual but has still retained its verve and restraint, something that we have perhaps learned from the rolling sea-waves or the pulsating blood in our veins and that makes the difference between a poetic and a purely discursive text. A difference that has unfortunately been obscured by a massive production of prosaic descriptive verse. I wonder why the rhythm, the beat in the twentieth- century music has become more accentuated whereas in poetry it has partly disappeared.

It may be that rhythm and respect for poetic inventiveness, inspiration has survived better in the marginal territories of Europe, in the Baltic countries, in Hungary, in the Balkans. Although Juris Kronbergs writes mostly in Latvian, he has grown up as a refugee child in Sweden and become a writer in two languages, an intellectual between two worlds as many eminent Latvian poets who preserved and developed a literature with a double identity just like themselves. But after all, aren't all true poets, true intellectuals citizens of several states, several worlds?

The roots of this refugee literature are to be found in a romantic nostalgia for the lost homeland as well as in new trends and currents in Europe and America. We can be sure that for about twenty years, from 1945 when tens of thousands of Latvians, Estonians and Lithuanians fled their countries until the Khrushchev "thaw" in the Soviet Union, the best Baltic literature was created abroad. Then, after the people in Latvia, Estonia and Lithuania were able to rediscover their past culture and re-establish connections with their compatriots in the West, the writers at home attempted a literary *aggiornamento*, both beginning to experiment with new forms and test the tolerance of the party nomenclature for free and critical thought. Despite a continuing struggle for freedom of expression with many setbacks and long stalemates, our authors nevertheless succeed in regaining their voice. In the Baltic literatures, especially in poetry written in the homeland, we can observe an interesting superposition of several stylistic layers that were usually kept apart in the West. The Estonian, Latvian and Lithuanian poetry from the 1960s on has

15

been partly neo-romantic, partly realistic, partly surrealistic. Even well-known modernists living abroad such as the Estonian Ilmar Laaban or the Lithuanian Jonas Mekas preserve a kind of *amor loci* in their texts, and in some respects belong to the same multi-layered poetic universe.

This *mutatis mutandis* is true of Juris Kronbergs too. Here we must perhaps consider yet another dimension that is present in his texts. We can call this dimension scientific, although he rarely quotes scientific books or formulas. But reading his poems I couldn't but feel that the man must have studied science. This was evident from his intellectual alertness, his readiness for strange imaginative somersaults, and his logic that somehow seems to be carefully balanced between the logic of dreams, the logic of everyday reality and what could be called the logic of quantum phenomena. In some ways, science has stolen from us poets and mystics the privilege of creating and visualizing strange worlds. Somehow, we must keep pace with science, make an attempt to understand it, to translate its formulas and conclusions into the archetypal imagery of poetry and painting. The artist Escher succeeded in doing it. I think the poet Kronbergs has succeeded too.

Jaan Kaplinski

WOLF ONE-EYE
VILKS VIENACIS

NO SKAIDRĀM DEBESĪM

Dienas laikā bij redzams arī mēness
Un ļenganā virve pa kuru

melna vabole dejoja pār redzes loku
gar miglas mākoņiem

gar it nekā tulznainajiem diedziņiem

Un neviens nebija stāstījis par akvāriju
galvā. Lēnām bet mērķtiecīgi to piepildīja

necaurredzams, netīrs ūdens priekškars

Strauji tad satumsa ceļi un lauki un meži un sniegi
avoti ezeri niedrāji pauguri krūmāji sniegi

Akvārijā melnas vaboles šaudījās šurpu turpu –
Nāves sēklas kuras meklēja savu sākumu:

Galu

OUT OF THE BLUE

It was day, but he saw the moon as well
And a black beetle on a slack rope

that jigged over his field of vision
past cloud drifts of fog

past blistered wisps of nothing

Not a word had been said about an aquarium
in the head. A slow and resolute curtain

of opaque and gritty water rose up

Darkness fell on all roads all meadows and forests and snows
pastures and rivers all reed beds and hillsides and snows

In the aquarium black beetles darted to and fro
Seeds of death that stalked their beginning:

The end

SAVĀDS NOTIKUMS

Saule todien rietēja ačgārni
Un valdīt grasījās tumsa un bailes

Debesu kāpnes šūpojās grīļojās
Un viņš nezināja vai kāpa augšup vai lejup

Viņš atradās tumšā un asiņainā tunelī
Telpā kas nebija telpa

Vai viņš elpoja vai viņš atcerējās
elpošanu, tādu kādai elpošanai vajadzētu būt

Vispārības cīņā par viņu viņš pats bija
iesaistīts ar nepiedalīšanos

un tādēļ jo vairāk notikuma līdzdalībnieks

Un gaisma atplīsa kā tapete ar sažuvušu līmi no iecerētās
sienas, bet siena bij dzīva ar daudzpusīgiem ieskatiem

Un tumsa kāptin kāpa kā dzīvsudrabs
termometrā vasaras rītā

Tumsā viņam gaisma parādījās
Viņš bija bezspēcīgs un tiecās pēc tās

Bet tumsa viņu spieda atpakaļ
Un gaisma raudāja pamesti, izmisīgi

Un gaisma raudāja bērna balsī

A STRANGE EVENT

That day the sun set awkwardly
as darkness and fears gathered

Heaven's ladder loosened and swayed
and he didn't know if he was climbing up or down

He was in a dark congealing tunnel
In a room that was no room

Was he breathing or just remembering
what the motions of breathing had been?

In the struggle for him
he participated by non-participation
and so was, to an even greater extent,

a part of the event

And light peeled away like flaking wallpaper from
its designated wall that held bundles of insights

And darkness rose like quicksilver
in the summer sun

Out of the darkness a glister of light
He was weak and stretched for it

But darkness pressed him back
And light cried abandoned, despondent

And light cried with the voice of a child

VILKS VIENACIS PIRMAJĀ DIENĀ

Svins pasaule, svins saule, svins mākoņi
Svins dūre spiež krūtis, svins acu plaksti
sūrstošs redzes loks

Svins atņem domas domu vietā smagums
Melnas zvaigznes, melni kumeļi melnām segām
debessdobumā, melni stari pār acu velvi

Vilks Vienacis sūdzas guļšņā skumst
Pēc tīkamiem sapņiem par kaķiem un eņģeļiem
mostas viņš vienaču pasaulē

Nelād likteni nelād nāvi
lād tikai svinu sirdī

Vēlas lai dienas vairs nebūtu
bet naktī mokās ar bezmiegu

un gaiss ir smags un zvaigznes nodzisušas
saule nodzisusi un visas nākamās dienas
un visas nākamās dienas

WOLF ONE-EYE ON HIS FIRST DAY

Lead world, lead sun, lead clouds
Fist of lead presses chest, eyelids lead
A stinging field of vision

Lead steals all thought, leaves only weight
Black stars, black blankets thrown over backs of black colts
in the socket of the sky, black light over the vault of the eye

Wolf One-Eye grumbles tosses grieves
for soft dreams of cats and angels
but wakes in a one-eyed world

He doesn't curse fate doesn't curse death
just curses the lead in his heart

Wishing that days no longer were
but suffering sleepless nights

The air thickens and the stars have waned
the sun has been doused and all the coming days

and all the coming days

VILKS VIENACIS DOMĀ SEV NAMU

Stari būs baļķi
saules stari, mēnesstari
vienalga, jā, varavīksne arī
(tā nav taisna, tā jāzāģē un jāizliec)

Biezi mākoņi būs jumts,
tik ne lietus mākoņi,
tie nolīst un izgaist kā domas

Kamīns būs rietošā saule
un rasā viņš mazgās prātu

Vakaros atspiedīsies pret
pērnajām ēnām, izelpos rīta miglu gausi jo gausi,

tā sabiezēs, tumsas siena
Tā viņš atšķirs nakti no dienas

24

WOLF ONE-EYE THINKS HIMSELF UP A HOUSE

Beams made of rays,
rays of sun, of moon
even a rainbow would do
(unbent, of course, and sawn)

Roof of thick cloud
but not rain-cloud
that disperses like thought

The hearth will be the setting sun
and there'll be dew to wash the brain

In the evening he'll lean against
yesterday's shade and exhale morning mists
ever so carefully

to curdle them, a wall of darkness
Then he'll be able to tell night from day

KĀ VILKS VIENACIS ZAUDĒJA ACI

Kādu rītu viņš uzmodās
juzdams nāsīs savādu smaku

Blakus stāvēja Nāve
un Nāve teica: „Nāc skriesimies!"

Viņš teica: „Ej projām, tu vecā zagle,
kamēr es vēl spēšu pakustēt,
es būšu sprungulis tev kāju priekšā,
plosīšu tevi, tavu ēnu
un visus tavus bē em vē braucošos draugus!"

Bet Nāve teica: „Nāc skriesimies!"

„Labi, skriesim uz rietiem", viņš teica
„Sekosim saules rietam. Stāsim tad, kad pēdējais
saules stars izdursies cauri gaisa miesai!"

Tā viņi skrēja sānu pie sāna
Nāve ar smaku un ēnu
Vilks ar kažoku un zobiem
asiem kā dažlaba vārda sekas

Viņi skrēja caur ciematiem, caur pilsētām
un lauku sētām, pa ceļiem un tiltiem

Pamazām Nāve manāmi gura,
jo pat skriedamās darīja savu darbu

Zinādama, ka Vilks būs pirmais
tā nodevīgi gribēja grābt viņu aiz sprandas, bet trāpīja acī

Tā tas notika toreiz, kad Nāve tīkoja viņa miesu
Tā tas notika toreiz, kad Nāve sāka ņemt savu tiesu

HOW WOLF ONE-EYE LOST HIS EYE

He awoke one morning when
a strange stench reached his nostrils

By his bed stood Death
and Death said, 'Let's race!'

He said, 'Begone, you decrepit thief,
as long as I can still move
I'll be a sprag in your wheel,
I'll rip you to shreds, your shadow too
and all your rolls-roycing cronies!'

But Death said, 'Let's race!'

'Done', said he, 'we'll race to the west
and follow the setting sun. We'll stop when
the sun's last ray has pierced the flesh of air!'

And so they raced abreast
Death with his stink and his shadow
Wolf with his coat and his teeth
as sharp as certain words can be

They raced through towns and villages
over farms and by-roads and bridges

It was clear that Death was winded
He not only had to run, but reap as well

When he saw that Wolf had surged ahead
he lunged to grip his scrag
but caught his eye instead

And so it happened, when Death desired his flesh
And so it happened, when Death began to take his own

VILKS VIENACIS DIVACIS

Bija laiki kad Vilks Vienacis
nebija Vilks Vienacis
Tad viņu nesauca par Vilku Divaci,
Bet tikai par Vilku

Tos laikus viņš nevarēja atcerēties

Vai tad viņš divreiz redzēja to ko viņš redz?
Pats savu dzimšanu un miršanu?
Pagātni un nākotni?
Ļauno un labo cilvēku apziņā?
Visprims vienu, tad otru, vai abus reizē?
Godīgumu un blēdību?
Blēdību divtik, nodevību divtik?
Kaulus un iekšas?
Atsegtu kailumu?
Tos, kuri reiz sēja mežu?
To, kurš reiz sēja pasauli?
Un vai tas bijis viņš pats?
Un ja tas bijis kāds cits
vai viņš to bij redzējis – jeb tas nebija jautājums
par redzi, bet nostāstu?

WOLF ONE-EYE TWO-EYES

There was a time when Wolf One-Eye
wasn't Wolf One-Eye
He wasn't called Wolf Two-Eyes
just Wolf

Of that time he had no memory

Did he then see twice as much as he sees now?
Both his own birth and death?
The past and the future?
Good and evil in human nature?
One at a time or simultaneously?
Honesty and perfidy?
Twofold half-truths, two-faced duplicity?
Bones and organs?
Nakedness revealed?
Those who once scattered the seed of the forest?
The one who once scattered the seed of the world?
And had that one been him?
But if it had been another,
had he seen it – or was it a case
not of seeing but believing?

VILKS VIENACIS KOPJ ZEMI

Zvaigznes viņš izrauj ar visām saknēm
un aiztriec tālu projām debesīs
izsizdams caurumu svinsmagā tumsā

Planētas nomet no lauka (ne tik tālu)
gružus un zvirgzdus sasmeļ uz miglas šķīvja
un aizmet no lauka (laikam tālu jo tālu)

Dienām un naktīm viņš strādā
ar ķepām un zobiem skrāpēdams kozdams

un lauks top tāds: nevienāds, apaļš
kā bumba ar bedrēm un augstumiem

Bet septītā dienā viņš kauc
tik skaļi ka svins izkūst un nolīst pār lauku

WOLF ONE-EYE GOES FARMING

He rips up stars by the roots
and hurling them far up in the sky
knocks a hole in the leadweight dark

He tosses planets from the field (not too far)
scoops up the debris and rubble in a frisbee of fog
and spins it away (quite a bit further)

Night and day he labours
claws and teeth rip and gnaw

until the field finally looks like this: roughly rounded
like a pitted and bumpy ball

But on the seventh day he lets out a howl
so loud that the lead melts and pours down

VILKS VIENACIS DOMĀ PAR NEMAINĪGUMU

Viss turpmāk būs
kā tagad. Nē. Nāve uzvarēs

Es nekad vairs nebūšu
tas, kas biju agrāk. Nē. Nāve uzvarēs

Es vairs nebūšu veselums. Mans pagaidām
ievilksies mūžīgi. Nē. Nāve uzvarēs

Katru rītu lūkošu paplašināt redzes loku. Nāve uzvarēs
Meklēšu to gaismu, kas bija. Nāve uzvarēs

Migla ir un būs mans vienīgais uzticīgais kaimiņš
Tumsa pasacīs to, ko gaisma nepateica: Nāve uzvarēs

WOLF ONE-EYE THINKS ABOUT CONSTANCY

All of everything will always be
as it is now. No. Death will prevail

Never again will I be
who I once was. No. Death will prevail

Never again will I be whole. This moment
of me will last forever. No. Death will prevail

Each day I will try to stretch the edges
of my vision. Death will prevail
Seek the light that had been. Death will prevail

Fog is and will continue dependably next to me
Darkness will tell me what light would not: Death will prevail

APVELTĪTS TĪKLS

Tas bija vējš, tā bija caurvēja lavīna
Šļūdonī celti pamati

Putnu brīvība, dienu sēta
visi kopā spēlēja saules altvijoli

Kaut kas šalca pa gaisu, no kurienes nāca,
šurp, bet ne tālāk! sažņaugts lepnums

Kāds pielika logu –
pasaule jāvēro caur šo!

Mirdzošu dienu nūjiņas par pārslām
vālītes no esmes zariem un nokareniem

Zem tā taču bija vējš, polārā nakts,
ledus pērle lejupgaitā pa vaigu

A BLESSED NET

It was the wind, a downrush of draughts
Foundations laid in perpetual ice

Unrestrained birds, the days' chains
together they played a solar alto viola

Something quivered in the air, from where,
to here, but no further! smothered conceit

Someone put up a window –
The world must be viewed through this!

Rods of flashing days to flakes
cones of life's branches and clusters

Below that, the wind of course, arctic night
And a pearl of ice that slips down a cheek

VILKS VIENACIS MEKLĒ

Pienāca diena Vilks Vienacis sāka meklēt

„Ko es meklēju, es nemeklēju, es gribētu
meklēt, bet nezinu kā meklēt", viņš sacīja sev

Viņš prasīja Piena ceļam, Ziemas ceļam, ceļam
kas nāk, ceļam kas iet, kas atvijas pats

Viņš prasīja pieredzei, acumirkļa aizrautībai

Viņš prasīja Andromedai, kvazāram K 32,
kosmiskajai aizmugures starošanai, Vienakmenim,
nekustīgajam Vanadzēnam

Viņš pat vaicāja saullēkta pirmajam staram
Un pamazām uzzināja, ka meklēšanā esot tā jēga

„Cik labi", viņš domāja, „ka man dota iespēja
meklēt jo ilgāk!"

Un sāpes viņu neatstāja

WOLF ONE-EYE GOES SEARCHING

Day came, Wolf One-Eye set out to search

'What I am looking for, I'm not looking for, I'd
like to look for something, but I don't know how',
he said to himself

He asked the Milky Way, the Winter Way,
this way and that way, the wayward way

He asked seasoned experience, momentary rapture

He asked Andromeda, quasar K32,
cosmic background radiation, Onestone,
Accipiter immotus

He even asked the first ray of the sun at dawn
He found out that the goal is the search itself

'It's good then', he thought, 'that I've got
this opportunity to keep on searching!'

And the pain did not leave him

VILKA VIENAČA ZIEMAS LŪGŠANA

Rādi man, ezer, savu īsto seju
tava acs ir sasalusi un tu esi fjords

Rādi man, mežs, savu īsto seju
tavas sēnes ir slēptas un tu esi zaļa ziema

Rādi man, pļava, savu īsto seju
tava āda ir bāla un tu būtu varējusi būt ezers

Rādi man, taka, savu īsto seju
tava balss ir čaboņa un tu esi krātuve pērnajām lapām

Rādi man, nākotne, savu īsto seju
tavs vaigs ir gludens ledus un tu esi veca kā iela

WOLF ONE-EYE'S WINTER PRAYER

Show me, lake, your true face
your eye is frozen and you are a fjord

Show me, forest, your true face
your mushrooms are hidden and you are green winter

Show me, meadow, your true face
your skin is pale and you could have been a lake

Show me, path, your true face
your voice is a rustle and you are a hold for fallen leaves

Show me, future, your true face
your cheek is blank ice and you are as old as time

VILKS VIENACIS DOMĀ, KA VISS TURPMĀK VAIRS BŪS TIK PA PUSEI

Es ilgošos. Pa pusei
Pēc laika pirms. Pa pusei
Saredzēt visu tā, kā tas īstenībā ir. Pa pusei
Teikums tiks salauzts. Pa pusei
Lēciens pār strautu izdosies. Pa pusei

Pat puse būs tikai puse no puses
Bet vai no vienas puses vai no otras puses?
To zināšu tikai. Pa pusei

Būs: pusdienas, pusstundas, puscepts,
pustukšīts, puspabeigts, puslīdz saprotams,
pustukšs (ne puspilns), puspillā

Kad ienākšu jaunā mājā, puse sabruks, bet
puse paliks. Kura puse, labā vai sliktā?

Kad ložņāšu pa mežu, pus mežs pazudīs –
paliks katra otrā egle, katra otrā sēne,
katra otrā kaislība

Kad būs jāiet pa laipu pār krāci, kā zināšu,
pa kuru laipas pusi iet?
Un krāce zem manām kājām pazudīs. Pa pusei

WOLF ONE-EYE BELIEVES THAT FROM THIS MOMENT THERE WILL ONLY BE HALF OF EVERYTHING

I will long for. Half-long
That life before. Half-life
To see everything as it really is. Half-see
Each sentence will be split in half
Each leap over every stream will stop half-way

But then a half will just be half of a half
Half of which half I'll only
half-fathom

All will be: half days, half hours, half-baked,
half done, half hearted, halfway understood,
half empty (not half full) half drunk

As I enter a newly built house, half will collapse, but
half will remain. Which half, the better half or the worse?

As I prowl the forest, half will disappear,
every other spruce, every other mushroom,
every other passion

As I go to cross the rapids, how will I know
on which half of the bridge to go?
And the rapids beneath will be gone. Half-gone

VILKS VIENACIS VĒRO SAVAS DOMAS

Te viņš redz, ka uz iekšu
viņš redz vienādi labi ar abām acīm

Un viņš sāk vērot savas domas
Mežvidū viņš sadabū sudraba ekrānu

Uzvelk to kādā brīvākā smadzeņu stūrī
Vēro kā no nervu galiem domas sāk veidoties

„Tas ties, ko še domāju, to redzu, kad
nedomāju, jūtu tikai nervgalu deju, eļļotu dzeju!

Bet kad jaunas domas domāju, redzu vairāk tās vecās!"

Un tā viņā domas ienāk lēnāk un lēnāk
un katra nākamā iepriekšējās ēna

Viņam iet kā runātājam, kas dzirdēdams savu atbalsi
kļūst lēnāks un lēnāks

Vilks Vienacis apjūk, sāk domas mētāt aizvien blīvākos ritmos,
iepinas meta-domu čokurā, mtv-domu murskulī

Līdz beigās saprot, ka īstenībā bēdzis
no vienas neizbēgamas domas:

Ja kaut kas notiek ar otro aci

WOLF ONE-EYE OBSERVES HIS OWN THOUGHTS

He saw that he could see inside
just as well with both his eyes

So now he'll start to watch his thoughts
fetching a silver screen from the forest

stretching it over where his mind is blank to see
how at the ends of nerves each thought takes form

'Whatever I think, I see, and when I don't think
I just feel the nerves careen in patterns on the screen!

But when I think new thoughts, I see more of the old!'

And new thoughts come into him ever slower
each subsequent thought the former one's shadow

He feels like a speaker who hears his own echo
and so he begins to lose his momentum

In a panic he tosses up flurries of thought upon thought
gets caught in a meta-thinking tangle, a blast of mtv-flashes

Till realization comes at last, he has in fact been dodging
the one unavoidable thought:

What if something happened to the other one?

NOSAPŅOTA AINAVA

Ziema, vēl lielāka diena
pārklāj balta laukus ezerus
tumšus egļu priežu silus
malkas grēdu pamieru
bijušos puteņus topošos putnus
atmiņas par lakstīgalām
klinšu brūces senas ēnas
reālas ilūzijas dumjas cerības
neizmērāmas skumjas
pazemīgus paldies pazemotas bažas
maldīgas ardievas skaudīgus labrītus
taisnīgus labirintus neļķziedes hiacintes
zivis no laika burtus no tintes
notušētas frāzes
ūdeni kas līst no vāzes

Un visam pāri
viena liela un skaista bet nepareiza acs

A DREAM TERRAIN

Winter, an even greater day
whites out the field the lake
the stand of pine and spruce
a log and timber stacked truce
former storms coming cranes
flashbacks of nightingales
scarred cliff face age old shade
illusions solid plans scatterbrained
the dark immeasurable pain
modest mercies mundane dismay
hearty good mornings heartless good days
straightforward labyrinths convoluted hyacinths
fish of time words in mazes
airbrushed phrases
water flows from vases

And over it all
a beautiful and wide but erroneous eye

VILKS VIENACIS IEDOMĀJAS TUMSU

„Ja nepaliek neviena acs
Ja pasaule vairs nemaz nav redzama

Ja mani ieslēdz tumšā telpā"
Vilkam Vienacim aizcērtas elpa

Ir agrs miglains rīts pirms saullēkta
viens Ausekļa stariņš izšļūc caur biezokni
kā pēkšņa brāzma caur bezvēja dienu

Vilkam Vienacim noreibst esamība
Visi agrāk nonievātie sīkumi, puspuvuši čiekuri

kļūst nepieciešami. Viņš grib apceļot pasauli,
apmeklēt svešus mežus, pētīt kukaiņus, zivis,
vakuumu uzlikt uz svariem

Pat ceļot laikā atpakaļ uz vēsturiskām vietām,
sajust senas bet būtiskas jūtas

Redzēt redzēt redzēt

WOLF ONE-EYE IMAGINES DARKNESS

'If I'm left with no eye
If the world vanished

If I'm locked in a dark room'
The flesh of Wolf One-Eye crawled

It is before daybreak and the morning star's
thin shaft slides through the fog
like a sudden breeze that slits a still day

Wolf One-Eye's sense of being spins
All the once spurned scraps, powdery pine-cones

have become so very needed. He wants to travel the world,
visit foreign forests, study insects, fish,
weigh a vacuum

Even travel in time to places of history
to feel the crux of old and venerable emotions

to see to see to see

VILKS VIENACIS NOŠĶIRTS NO PASAULES

Starp mežu un bezdibeni viņš viens pats
uz šauras izcirstas strēles

Viņš ir piesiets pie savas pasaules
kā brīvlaists vergs pie jauniegūtās brīvības

Dziesmu bezdibeņa galā viņš neredz
Meža šalkas viņš arī neredz

Sapņus viņš redz tikai dažus
Atmiņas viņš gandrīz redz

Sapņu un pagātnes redzes loks sarucis!
Un tagadne šaura strēmele!
Viņš gājis bojā bet palicis dzīvs!

Bet kā tas nākas ka viņš jau
atceras savu nāves dienu?

Vai tas maz iespējams?
Kā to varētu aizmirst?

WOLF ONE-EYE DETACHED FROM THE WORLD

Between the forest and abyss quite alone
teetering on a narrow ledge

he is as tightly shackled to his own world
as a former slave is to freedom newly won

He can't see the song at the end of the abyss
nor the sough of the forest

He sees only the infrequent dream
almost catches sight of memories

Shrinking fields of dream and past vision!
And the present a narrow ledge!

He lost his life but survived!

But how is it that he
remembers his passing?

Is it at all possible?
How could you forget it?

VILKS VIENACIS PĀRDOMĀ SEVI

Kas ir mana īpatnība? Vilks Vienacis domā

Kuplā spalva? Aste, zobi?
Kodiens upura rīklē? Kaucieni, gaita?
Mans zušanas paveids?
Mana nelokamība pie sarunu galda?

Daudzos ūdeņos viņš vēroja savu spoguļa attēlu
spoguļojās mākoņu attēlos ūdenī
Salīdzināja krītošas zvaigznes ar savu asti
un ūdenskritumu dārdus ar saviem saucieniem
putnu dziesmas ar kaucieniem
zibeni ar lēcieniem
bet nekas no tā visa nesniedza atbildi
tad viņš atminēja kas tas bija:

Viņa pašuztveri veidoja tas ko viņš redzēja
Tas ko viņš redzēja, ka citi redzēja raugoties viņā
Bet nu viņš vairs tik daudz neredzēja to, kā citi skatījās
Viņa paša soļi, lēmumi bija visai lēmēti

Tieši šajā tagadnē, kas prasīja īpaši vērīgu rīcību

WOLF ONE-EYE REFLECTS ON HIMSELF

What distinguishes me? Wolf One-Eye wondered

This shaggy coat? Teeth, tail?
Jaws at the throat of my prey? Howls, gait?
My habit of skulking away?
My doggedness at negotiation?

He pored over his reflections in many waters
basked on projected clouds in pools
compared his tail to a comet
his growls to the clamour of cataracts
his howls to the hooting of owls
his lunges to lightning
but none of that gave an answer
Then he remembered what it was:

His self image was determined by what he saw
What he saw others seeing that looked at him
But now he no longer saw as much of others seeing
His own tread, his will wavered

Just at the moment when he must watch his every step

VILKS VIENACIS MAINĪJIES

Viņš juta, ka viņš mainījies

Viņš nezināja kā
Viņš lāgā neatcerējās kā tas bija agrāk
Kāds viņa priekšā bij aizcirtis durvis

Varbūt no trieciena šoka viņa ieskati
par maiņu bija mainījušies
Un līdz ar to viss pārējais:

sniegpārslas nekrita lejup
tās sniga augšup
pavasarī putni pienesa kokus
izplaukušajām lapām
(nekas nebija kā agrāk)
un mākonis raudāja par
šķiršanos no pilieniem
un debess raudāja par mākoņa aiziešanu

Vilks Vienacis raudāja par to, ka labi zināja, ka neko nezin
Tikai to, ko zaudējis

Ka raugās uz pasauli neziņas acīm
Un viena no tām ir mēma

WOLF ONE-EYE HAS CHANGED

He felt he had changed

He wasn't sure how
He could hardly remember
how it had all once been
Someone had slammed a door in his face

Perhaps it was the shock of the impact
that had changed his opinion of change
And, as a consequence, all else as well:

snow did not fall down
it snowed up
in spring the birds brought trees
to the budding leaves
(nothing was as it had been)
and the cloud cried
when raindrops left
and the sky cried when the cloud fled

Wolf One-Eye cried because he knew he knew nothing
Save what he had lost

Because he looked on the world with eyes of unknowing
And one of them was mute

VILKS VIENACIS IET UZ CIRKU

Kad viņš sēž publikā viņu
vilkdami velk uz manēžas

Kad viņš manēžā grib staigāt pa ļengano virvi
viņš laikā nevar novilkt klauna kurpes

Bet kamēr viņš tās novelk
publika norēc virvi no stabiem

Kamēr viņš dīda lauvu viņam paziņo
ka lauvu pārcels atpakaļ uz džungļiem

Kamēr viņš trapeces lēcienā virpuļo pa gaisu
viņam saka ka lekt bez tīkla ir aizliegts

Kamēr viņš ceļ jauno poliestera telti
viņam ziņo ka cirks vairs nav modē

bet gan mežs tas pats
kurā katrs koks ir pasaules koks

akmeņi planētas zvēri no zvaigznēm
sūnas pauguri no radības gružiem

Un Vilks Vienacis saredz
ka mežu necaurredz

WOLF ONE-EYE AT THE CIRCUS

When he is sitting in the audience
he's pulled into the ring

When he is in the ring wanting to walk the slack rope
he can't get his slap-shoes off

While he is unlacing them
the audience jeers the rope off the poles

As he is taming the lion he gets a message
that the lion is being relocated to the jungle

When he is whirling in mid-air off the trapeze
he's told you can't jump without a safety net

As he is putting up the new polyester tent
he hears that the circus is no longer the rage

rather the forest, the self-same
in which every tree is a world-tree

Stones planets animals of star
mossy knolls of the rubble of creation

And Wolf One-Eye sees he cannot
see through the forest darkly

VILKS VIENACIS MĒMAIS

Ir dažāda veida mēmums
Vilka Vienača mēmums bij šāds:

dažreiz pat viņš pats nevarēja sadzirdēt
savu iekšējo balsi

Dažreiz, it īpaši sapņos, viņš gribēja kaukt
un gaudot, bet nevarēja. Viņam šķita, ka viņa
rīkle aizvesta projām spaidu darbos

uz kādu citu planētu – tā bija ieeja uz runas
raktuvēm; tur izraka un slēgtās noliktavās
glabāja vārdus kas varētu kļūt neizbēgami

Bez vārdiem nav atmiņas
Bez atmiņas viņš ir vēja nests puteklītis

Viņš ir – tikpat kā nekas

WOLF ONE-EYE THE MUTE

There are different kinds of muteness
Wolf One-Eye's was like this:

Now and again he couldn't even hear
his inner voice

Now and again, especially in dreams, he wanted
to howl and wail but could not. It felt as if his
throat had been deported to a labour camp

on some other planet, at the entrance to those
speech mines where words were being excavated
and stored, the words that could become inevitable

Without words no memory
With no memory he is a speck of dust

He is – close to nothing

VILKS VIENACIS GRIB KAVĒTIES ATMIŅĀS

Ko viņš gribētu atcerēties? Visu
Ko viņš gribētu aizmirst? Tikpat kā visu

Viņš grib atcerēties svinu, pirms svina ledu
Grib atcerēties baghavadgītiskus priekus; sans–
kritiskas kripatas; prūšus un prusakus
(bet vai viņš grib atcerēties Edžiņu Miermīlīgo, kurš
trīs gadus pēc kārtas saņēma 300 vilkus gadā, tad vairāk
ne, jo nebija neviena palikuša)
Grib atcerēties svievietes caurspīdīgās drānās,
dārzus, rēnas brāzmas Divupju zemē
O, Semirami, glāsti mani rāmi! Ilgi!

Viņš atceras vēl citus viļņus, viņpus
glāstu trūkuma. Citus Stāstus! Bet kādus?

Kas bij pirmās mātes pirmais bērns?
Vilks Vienacis nevar atcerēties. Tumsu tikai

un reliģisku tūrismu. Un pirms tumsas
viņš grib atcerēties gaismu, gaismu un balsi

Te pēkšņi, kā nokavējies ministrs uz valdības sēdi,
pie viņa atnāca vārds

Un tas vārds bija Neredzams

WOLF ONE-EYE RAKES UP THE PAST

What does he want to remember? All of it
What does he want to forget? Most of it

He wants to remember the lead, the prelead ice
Upanishadic kicks, Sanskrit writs
and discussions in Prussian
(but does he want to remember Eddie the Taciturn who
took out three hundred wolves three years in a row but
no more, for there were no more?)
wants to remember women in floating dresses,
gardens and storms that smoulder between the rivers
O Semiramis, calm and caress me forever!

He remembers other waves on the far side of
caresslessness. Other tales. Even taller!

And who was the first mother's first born?
Wolf One-Eye can't recall. Only darkness

and religious tourism. And before the dark
he wants to remember light, light and the voice

All of a sudden, like a minister running late
for a cabinet meeting, a word bursts in on him

And the word was Invisible

VILKS VIENACIS CĪNĀS

Katra diena ievelk viņu atpakaļ tumsā
Kad tā sākas viņš grib lai tā beidzas

„Ak Dievs" viņš saka bet nezin ko tas nozīmē

(Un Dievs klausās un nezin ko Vilks Vienacis nozīmē
Kāds jauns romāns? Filma? Spēļmantiņa? Virtuves piederums?)

Viņš ačgārni cīnās un pats kļūst ačgārns. Viņš:

iet lejup pret kalnu
rok tiltu pār jūru
guļ skriešus uz vietas
laiž akmeņus mēnesim acīs
gāž bezmērķīgi podus
vicina nekustīgs rokas un kājas
asiņo asiņošanas pēc
atsakās sociālām kaitēm likt plāksterus
plēš vaļā jaunas brūces

Viņš sev saka:

„Vilks nenostājas sev blakus veidodams savu es
it kā viņš būtu avīžraksts ar nosacītu nodomu

Vilks neatsakās no savas balss
Vilks ir pats sava viela"

Visu to viņš pieņem bet noraida
Jo nesaredz jēgu

WOLF ONE-EYE STRUGGLES

Each day sucks him back into blackness
The moment it starts he wants it to end

'O God', he says, not knowing the meaning of that

(And God listens not knowing the meaning of Wolf One-Eye:
Is it a new novel? Film? Toy? Or kitchen utensil?)

As his struggle is inverted he inverts himself. He:

descends up a mountain
digs a bridge in the sea
sleeps running on the spot
plays ducks and drakes with the moon
puts his foot in it aimlessly
waves his arms and legs inertly
bleeds for the sake of bleeding
refuses to stick bandaids on social ills
rubs salt into old weals

He tells himself:

'A wolf doesn't stand next to himself to affirm himself
as if he were an editorial with an explicit intention

A wolf doesn't pass up his own voice
A wolf is his own substance'

All this he accepts but refutes
He just doesn't see the point

VILKS VIENACIS VEINĪGAIS CIETĒJS

Kāpēc citiem tas nenotiek, skrējiens ar Nāvi?
Pūcēm vārnām kaķiem lāčiem eglēm un priedēm?

Vilks Vienacis jūtas nepareizs nezinošs

Viņš nezina vai kāpt peļķē vai lēkt tai pāri
Vai upei iet apkārt vai peldēt tai pāri

Vilks Vienacis nokar galvu
Viņam šķiet ka pat zvaigžņu bari viņu izsmej

Un viņš negrib atzīties
ka savās sāpēs noskauž citus

Bet īstenībā viņš meklē kādu, kas varētu
pateikt viņam

kādēļ no rīta jāceļas augšā

WOLF ONE-EYE AS THE ONLY VICTIM

Why doesn't this happen to the others, this race with Death
The owls, ravens, polecats, brown bears, fir trees and pines?

Wolf One-Eye feels mistaken and clueless

Doesn't know whether to step into the puddle or over it
Whether to go round the river or swim across it

Wolf One-Eye hangs his head
He feels even the crowded stars mock him

And he doesn't want to admit
that in his pain he envies the others

But really he is just waiting for someone who could
tell him

a reason for getting up in the morning

VILKS VIENACIS NESĒJS

Viņš pats savs tukšnesis
sava tukšuma nesējs

Viņš baro savu tukšumu
Viņš kož sava tukšuma ogā

Citi nes tukšuma sekas
Bet viņš vienīgais ir

pats sava tukšā nasta
neatklātā galaktika

sen zināmā planēta
nodrāztā monēta

WOLF ONE-EYE'S BURDEN

He bears his own desert
snared by shifting sands

There in his wasteland
he feeds on emptiness

Others bear consequences
but he alone is

his own empty load
an unknown nebula

a well-known realm

VILKS VIENACIS IET PASTAIGĀTIES

Viņš iziet staigāt
Aizrautīgi, bet neuzmanīgi

Te nokrīt no kalna
te noslīd no glečera
te iekrīt vulkānā

Meklēdams izeju no vienas prērijas
drīz vien iekļūst citā

Upes platas kā jūras viņu nes caur kontinentiem
viņu pamet savos krastos

Viņš kļūst nepacietīgs – „pasaule ir mežonīga" –
sit ķepas pret zemi, griež zobus,
skalda atomus, zaudē līdzsvaru
un izkrīt izplatījuma tumsā

Tur viņam laiks domāt par laiku

WOLF ONE-EYE TAKES A WALK

He sets out for a walk
Enthusiastic but rash

He slips off a mountain
slides down a glacier
trips in a crater

Nosing for a way out of one prarie
he ends up in another

Rivers wide as oceans sweep him
through continents
cast him up on their banks

He loses patience, 'the world is a jungle'
pawing the ground, gnashing his teeth,
splitting atoms, losing his balance
he falls up in the darkness of space

There he finds time
to think about time

VILKS VIENACIS DOMĀ PAR LAIKU

Cik pagājis? Cik palicis?
Vai laiks iet uz priekšu vai atpakaļ? sāniski?

Vai vispār iet?
Varbūt viņš iet bet laiks stāv uz vietas?

Varbūt laiks ir kāds izgudrojums lai viņš
neatrastu savu ievirzi?

Laiks ir nepieciešams kā karte svešā pilsētā?
Laiks ir ātrums, ar kuru notikumi vairojas?

Ja laika nebūtu, viņam tas būtu jāizgudro?

Bet jo labāk viņš gribētu izgudrot
sev vēl vienu aci

WOLF ONE-EYE THINKS ABOUT TIME

How much has gone? How much is left?
Does it go forwards or backwards? Sideways?

Does it pass?
Maybe he passes and time stands still?

Maybe time is an invention to prevent
him finding his own direction?

Time is as necessary as a map in a foreign city?
Time is the speed with which events breed?

If there was no time, would he have to invent it?

He'd rather invent himself
another eye

VILKS VIENACIS LAIKĀ

Gadi karājas pār jumtu kā mākoņi
Mirkļi līņā
Sāpes, sapņi, ilūzijas saplūst peļķēs

Vilks Vienacis lēkā starp tām
Katra rāda citu Vilku
Kurš skatās?

Bet Vilkam pašam šķiet, ka viņš
sastāv no nesaderīgām šķembām

Viņa (alfabētiskā secībā):
aste ir no asteroīda
galva no granīta
kakls no kalniem un lejām
kauli no komētām
ķepas no ķepīga māla
mugura no murgu muklājiem
vēders no varavīksnas

Viņš ir zvērs no zvaigžņu putekļiem
Un viss ap viņu ir putekļi

Pa gaisu virpuļodami
piķmelnā esmē

Esmes visu aptverošā tumsā

(Kas vēl māk skumt tā)

WOLF ONE-EYE IN TIME

Years hang like clouds over roofs
Present moments come pelting down
Pain, illusions, dreams
all run together into puddles

Wolf One-Eye hops between them
as each one shows a different Wolf
Who's looking?

But Wolf himself feels that he
is made of incompatible fragments

His (alphabetically):
belly is of batholith
bones are of moonstone
face of vaporized ice
head of incandescent gas
paw of porphyry
rump of a meteorite lump
tail of hail

He is an animal made of stardust
And everything around him is dust

Whirling through the air
in pitch black being

In being's all embracing darkness

(Oh, W.O.E. is me, he says)

71

VILKS VIENS

Kur, viņš domāja, ir izeja
no šīs vienacības depresijas*
Un viņš nolēma izdomāt vismaz 3 izejas

1. pa durvīm 2. pa logu 3. uz iekšu
1. un 2. viņš noraidīja
3. viņš novērtēja kā visgrūtāko, bet vispareizāko

Bet naktī mēness dzirdēja viņa kaukšanu
un mēness lēnām atvēra savu vienīgo aci

Un gar Zemeslodi kāda komēta paslīdēja
garām šo vienīgo reizi
pirms pazušanas Universa tumsā

Un zvaigznes debesu velvē izskatījās
tieši tādas šo vienīgo reizi (tu arī)

Uz Vilku Vienaci no visurienes virzījās
viens vienīgs spēks:

Viņš ieraudzīja tukšumu
Viņš ieraudzīja visu

* pat doma par seksu viņu nespēja uzbudināt

72

LONE WOLF

Where, he wondered is the way out
Of this one-eyedness, this depression*?
He decided to come up with at least 3 exits

1. out the door 2. out of the window 3. inwardly
1. and 2. he rejected outright
3. he considered the hardest, but best

At night the moon heard his howls
And the moon slowly opened its single eye

A comet slipped past the Earth
once at this singular moment
before it disappeared in the lightless universe

And in the vault of the sky the stars were
exactly so at this singular moment (you too)

A singular force converged from everywhere
on Wolf One-Eye:

He saw the void
He saw the all

* even the thought of sex could not arouse him

VILKS VIENACIS VISS

Ir dienas kad Vilks Vienacis
spēj visu. Viņš:

ir uzkārts uz striķa žāvēties
ir bezrūpīgi smiekli veco ļaužu mītnē
ir biļete kabatā kāda jauna cilvēka
pirmajam starpkontinentu braucienam
bēgdams panāk citu bēdzēju
un pierunā to tālāk nebēgt
zina visu to kas viņam būtu jāzina
ar marsu spēlē basketu ar venēru golfu
un atliek tos atpakaļ pareizā vietā
ļaužu pūlim izskrien cauri tik ātri
ka neviens to nemana
jūt tikai brīnišķu siltumu

Viņš ir striķis uz kura pasaule uzkārta žāvēties

WHOLE WOLF

There are days when Wolf One-Eye
is capable of everything. He:

is hanging out on a line to dry
is light-hearted laughter in an old folks' home
is a ticket in a youngster's pocket
for the first trip overseas
manages while fleeing to overtake other fugitives
and convince them to stop running
knows everything he has to know
slam dunks Mars and putts Venus
then sets them back in their proper places
runs through a crowd so fast
that no one catches sight of him
just feels a wonderful warmth

He is the line where the world is hanging out to dry

VILKS VIENACIS DZIRD SAVU ELPOŠANU

Nekāda vēja, šī diena bez vēja
Smacīgs, sutīgs, bet viss stāv uz vietas

Koku zari nešūpojas, priekškari nekust
lapas pilnīgā mierā
bet akmeņi neripo
satrunējuši koki negāžas
avīžlapas neburzās
durvis ir vai nu vaļā vai ciet

Un Vilks Vienacis, nekustīgs tā
kā tikai bulta lokam uz stīgas var būt, domā:

„Kas es esmu? Kur manas mājas?"

Bet vienīgā atbilde
vienīgā skaņa

ir viņa paša elpošana

WOLF ONE-EYE HEARS HIS OWN BREATHING

No wind, today is utterly windless
Stifling, humid, everything is standing still

Branches do not sway, curtains do not move
leaves are motionless
stones do not roll
rotted trees do not fall
doors stay either open or closed

And Wolf One-Eye, as unmoving
as only an arrow on a bowstring can be, thinks:

'Who am I? Where do I belong?'

But the only answer
the only sound

is his own breathing

VILKS VIENACIS PIEROD (PIEDOD)

„Ja gadījumā atgadītos kas neparedzams:
tas jāparedz

Bet dienas tad jāsaredz, pat jāuzlūko
kā pagātnes pārpalikumus (vraku daļas, visādus lūžņus)
kas nepaliek bet zūd, lai iestātos:
       tīrā pagātne
        tīrā nākotne
         tīrā tagadne
          tīrais laiks

Nevis vāks virsū
bet katliņš tukšs un spodrs
kaut lietots kā jauns"

To visu Vilks Vienacis vēstī kādam mežā pamestam
kasešu magnetofonam ar automātisku atspoli kas
paslepu sevi fotogrāfē ar maziņu vērsi

78

WOLF ONE-EYE FORGIVES (FORGETS)

'If the unexpected should happen:
also that would have to be expected

But then days should be seen, regarded even, as leavings
of the past (as ribs of wrecks, scrapped metal)
that do not endure, but disappear, to usher in:
                        pure past
                                pure future
                                        pure present
                                                pure time

The lid's off
the pot's bright and empty
though often used'

All this Wolf One-Eye declared in the forest to a discarded
cassette recorder with auto rewind that secretly
took snaps of itself with a mini ox

VILKS VIENACIS PALŪKO PADEJOT

Tas pats nekas
Nekas tas pats

Atnāk bet aiziet
Aiziet bet atnāk

Neredzams bēgošs
Redzams bet ejošs

Viesus vēl mālē
Atbildi dodošs

Dančus vēl griezdams
Diedziņus verot

Pilēdams piliens
Akmeņos tukšos

Nekas tas pats
Tas īstens nekas

WOLF ONE-EYE TRIES DANCING

The same nothing
Nothing's the same

To go to and fro
Come fro and to

Recede unseen
Seem to have been

The guests at the inn
All out and about

A measured tread
Each dance's thread

A drop's slow drip
Hollows stone

Nothing's the same
The one nothing

VILKS VIENACIS VĒRO SEVI KĀ VAKARDIENU

Viņš nesaredz ceļu no šodienas mezgla

Viņš ir mezgls, viss pārējais mezgls
no kura tam neizkļūt laukā

Bet pašu mezglu viņš neredz ar vienu vienīgu
Kad bij divas nebija mezgla

Viņš saritinās čokurā, ripo caur mezglu:
pret kalnu, no kalna
līdzeni, caur ūdeni, uguni
Caur uguns kapiem, dūmiem,
sodrējiem, molekulu plīvuriem, uzkrātu gāzi

Bet fotoni, kuri tēmē uz tīkleni
atgriežas pagātnē

Jo tīklenes nav
Jo tagadne ir melns caurums

kurš sevī iesūc
kā Vilku tā čokuru tā mezglu

WOLF ONE-EYE VIEWS HIMSELF AS YESTERDAY

He can see no way out of this knot of today

He is a knot, all else is a knot
that cannot be untied

But the knot can't be seen with only the one
When he had two the knot wasn't there

He curls up in a ball and rolls through the knot:
uphill and down
along level ground, through flooding and flames
through burning pyres, smoke and ashes
molecular drapes, deposits of gases

But photons that aim at the retina
deflect to the past

For there is no retina
For what is now is a black hole

that swallows up
both ball and knot
and Wolf as well

VILKS VIENACIS VĀRGO

Vārgums nāk no pašas zemes
un ieplūst visos locekļos

Viņam šķiet, ka visa dzīve bijusi narkoze
ka viņš lēnām no tās mostoties vienkārši dziest

Domas dilst, un visas tās kuras bij neskaidras un straujas
ir neskaidras un lēnas

Kā vasaras vakars viņš lēnām dziest
Viņš dziest bezgalīgi un acumirklīgi

Viņā elpa ir lēna un vienmērīga
Viņš atkal iemieg dzīvē

kura pati ir sava vienīgā atbilde
un viņš – vienīgais jautājums

WOLF ONE-EYE IS AILING

Weakness leaks from the earth itself
and seeps through each of his limbs

All his lived days had been anaesthetized it seems
and as he slowly wakes he simply fades

His thoughts slump, those that had been jumbled and quick
are now jumbled and sluggish

Like a slow summer evening he just fades
He fades fleetingly and endlessly

His breathing is slow and regular
He nods off again into life

which is its own only answer
and he – its only question

VILKS VIENACIS SARUCIS

Pārsla kritienā no visuma kores

WOLF ONE-EYE HAS SHRUNK

A flake falling from the ridge of the roof of the universe

TILTS

Kādu vakaru viņš stāv pie tilta
Bet tilts ir pavisam zem ūdens
Ārā ir tumšs, bet tilts apgaismots

Tas ir veclaicīgs akmens tilts
ar skaistiem gāzes lukturiem, trotuāru un margām
Viņam jātiek pāri, viņš izpeld ūdenī

kaut neredz krastu otrā pusē
neredz arī otro pusi. Kad pagriež galvu
viņš pat neredz krastu no kura

nācis. Viss ir tumšs un kluss
izņemot viņa paša radītās šalkas
izņemot apgaismotais tilts zem ūdens

Kad nokļuvis pietiekami tuvu viņš skaidri redz
ka tas neved nekur, tam nav sākuma
Tas pēkšņi beidzas, abos virzienos

Kamēr viņš peld viņš nezina
ka tas ir sapnis. Kad viņš uzmostas
viņš nezina ko sapnis nozīmē

THE BRIDGE

It is evening and he stands by a bridge
But the bridge has sunk under the water
It is dark but the bridge is lit up

It's an old arched bridge of stone
with footways and parapets and gaslight brackets
He must get over, he starts to swim

not seeing the shore on the other side
not even seeing the other side. He turns his head
and can't see the shore he'd just left

It is dark and quiet
but for his self induced shudders
but for the bridge lit up underwater

When he has swum quite close he sees
it leads nowhere, it has no beginning
it stops abruptly in both directions

As he swims on he doesn't know
that it's a dream. When he wakes
he doesn't know what the dream means

VILKS VIENACIS NESKAIDRĪBĀ

Laiks iet. Svins dziest. Pasaule briest,
bet nekļūst skaidrāka. Tā tikai top

Viens miglas mursgulis nomaina otru
Vēja un bezvēja haotiskā mijiedarbe

rada musturus, kuri nav musturi
bet par tādiem kļūs pēc gadu tūkstošiem

Vilks Vienacis strauji pagriežas –
redz tikai miglas veidotus tēlus

galotnes un zarus vēja un bezvēja kampienos
Kā redzēt vairāk? Paceļot?

Laiciņu pārvietojies laikā un telpā
viņš apstājas pie dīķa iedzert ūdeni

Savu spoguļattēlu redzēdams viņš atceras sevi
un saredz to, ka tik tikko būtu aizmirsis

Viņš paceļ galvu. Viņš ievelk elpu
Skābeklis kā no nebijušā ieplūst visā bijušā

Un sajūta ir tāda, it kā kristu,
it kā viņš kris-
tu

WOLF ONE-EYE IN CONFUSION

Time passes. Lead cools. The world swells
but gets no clearer. It just accrues

One muddle of fog takes the place of another
A random interaction of wind and calm

creates patterns, that aren't patterns
but will become such only after aeons

Wolf One-Eye turns quickly –
but sees only figures formed of fog

Treetops and branches grasped by wind and calm
How to see more? Travel?

After a period of relocation in time and space
he stops by a pool to drink

Catching sight of his reflection, he remembers himself
and sees that he was on the verge of forgetting

He lifts his head. He draws a breath
Oxygen as if from neverness flows into all givenness

And the feeling is that of falling
As if he was falling through

VILKS VIENACIS ATRISINĀTĀJS

„Tu!"

WOLF ONE-EYE HAS THE SOLUTION

'You!'

VILKS VIENACIS ATMIŅĀ UN VALODĀ

„Tu. Tu uzvarēji, tu izkusi uz manas mēles
Iestājās nakts un it viss bij nopietnība

Bij 'pasaule' un 'es'
Bij šļūkšana pa eskalatora margu

Bija smieklu baloži no mūsu mutēm
dienas ar iesnām un vientulības akām

Kad pārnācām mājās ap desmitiem
nogūlāmies gultā tik cieši kopā ka nākotne

kas iespiedusies starp mums
pazuda pavisam

Tad man bija palicis tikai
es pats un mans jaunais kažoks
Tas jau bija kļuvis par mazu

Un es jutu, ka paceļos gaisā,
augšup caur mākoņu blīgznām
pret sauli un pret tumsu

Bet kaut kur tuvumā bij iela
'sabiedrība visur tev seko'

Ceļš atpakaļ ir garš caur mežiem
kuros daži koki ir raķetes un citi savukārt
rakstāmgaldi ministrijās

Gan jau esamība pati prot
nosargāt savu *sein* – "

valoda ir varens mierinātājs
nelabojama naiviste rūdīta bendīte

WOLF ONE-EYE IN MEMORY AND LANGUAGE

'You, you won, you melted on my tongue
Night fell and all was seriousness

There was "the world" and "I"
There was sliding down the escalator handrail

There were doves of laughter flying from our mouths
days with colds and wells of loneliness

When we came home around ten
we lay down in bed so close that the future

that had forced its way between us
was squeezed out completely

Then all that I had left was
myself and my new coat
It had already grown too tight

And I felt that I took off
through thickets of cloud
towards the sun and towards the dark

But somewhere nearby was a street
"*they* are after you everywhere"

The way back is long through forests
where some trees are missiles while others
are desks in ministries

Being is fully capable of protecting
its own *sein*'

Language is a genuine comforter
an incurable innocent an experienced hood

Kur ir valoda?
Gramatikā vārdnīcā pareizrakstības mācībā?

Tavā sabotāžā pret paša garīgo kūtrumu

Valoda ir redzēšana

Valoda ir trešā acs (otrā)

Where is language?
In grammars, dictionaries, spelling rules?

In sabotaging your own spiritual sloth

Language is seeing

Language is the third eye (the second)

VILKS VIENACIS ODINA IELĀ

Uz trotuāra viņš atrada, nevis sirdi,
bet kartupeli
Tas nebija pat apaļš,
bet nevienāds un pabeigts
kā teikums kādā cildinātā, bet centīgā
literārā darbā

Diena bija pelēka un nesaistoša
kā mobilā telefona signāli
aiz kuriem slēpjas tikai citi signāli

Viņš pagrieza galvu pa kreisi
pie trotuāra bija novietotas trīs mašīnas
divas likumīgi, viena nelikumīgi

Jaunākie pētījumi vēstī to
ka tādas kolektīvas zemapziņas
Kārla Junga izpratnē nemaz nav
Psihoanalīzē terapeita jautājumi
nosakot pacienta atmiņas, nevis tas
kas faktiski notika

Kas tad faktiski notika?
Notika tas, ka viena no mašīnām aizbrauca
Bet vai viena no likumīgi novietotām vai nelikumīgi
novietotā, viņš neievēroja

Ievēroja tikai to, ka negaidīti
bija sācis snigt

WOLF ONE-EYE ON ODIN'S STREET

On the pavement he found, not a heart,
but a potato
It wasn't even round,
but irregular and finished
like a sentence in a praised but plodding
literary effort

The day was grey and tedious
like the ringing of a cell-phone
which only hides yet more ringing

He turned his head to the left
Three cars were parked by the pavement:
two legally, one illegally

The latest findings show
that a collective unconscious
as taught by C. G. Jung does not exist
It's said that in psychoanalysis the questions of therapists
determine the memories of patients, not
what actually happened

What was it, then, that actually happened?

Well, one of the cars drove off
But if it was one of the legally or illegally
parked ones, he didn't see

He only saw that it had quite unexpectedly
started to snow

VILKS VIENACIS SPRIEŽ

Ja mežam būtu spārni
tas tomēr nebūtu putns

Ja diena būtu melna
tā tomēr nebūtu nakts

Ja nelga būtu mazs cinītis
tas tomēr neizglābtu ne mazāko no vezumiem

Ja viss izbeigtu mirdzēt
tas tomēr nebūtu zelts

Ja gaisma pazustu pavisam
mēs tomēr nedabūtu redzēt

Ja visas skaņas rimtu
neviens tomēr nerunātu ne par ko citu

Ja mērķis pats sameklētu lodi
šautene tomēr neaizietu pensijā

Ja durvis vienmēr būtu vaļā
izeja tomēr nebūtu pašsaprotama

Ja melanholija uzvarētu
tomēr nebūtu par vēlu uzdot

Ja Vilks Vienacis noturētu mežu par hūti
saules zaķis tomēr nebeigtu spēlēt sunīšus

WOLF ONE-EYE REASONS

Even if forests had wings
they still wouldn't be birds

Even if days were black
they still wouldn't be nights

Even if a fool found a nail
He still wouldn't save the rider

Even if nothing glittered
It still wouldn't be gold

Even if all light vanished
We still wouldn't get to see

Even if all sound stopped
We'd speak of nothing else

Even if bullseyes chased the bullets
Rifles still wouldn't retire

Even if doors were always open
The way out wouldn't be clear

Even if melancholy won the day
It still wouldn't be too late to give up

Even if Wolf One-Eye mistook the forest for a hat
Sunlight and shadows would keep playing tag

VILKS VIENACIS ZAUDĒ APVALDU

Vilks Vienacis jau zaudējis savaldu pār daudzām lietām
Tūlīt viņš zaudēs arī apvaldu

Viņš staigā apļos ap sevi
tik ātri, ka gadalaiki sapinas viens otrā
kā domas ar sāpēm un sāpes ar domām

Un viņš grib mest enkuru no laivas
(kurā mēs visi sēžot)
un viņš to sauc par „saņemšanos"
Viņš griež enkura ķēdi uz riņķi
aizvien ātrāk un ātrāk
bet dziesma kā neskan tā neskan

Viņš to palaiž vaļā

Enkurs aizlido, bet netrāpa
rāmo tīro ezeru – ar asariem, līdakām,
sudraba gārņiem (ļoti reta parādība) –
pie kura viņš tik labprāt būtu gribējis noenkuroties

Un tieši tajā mirklī viņš zaudē apvaldu
Un tieši tajā mirklī viņš izirst pavisam

WOLF ONE-EYE LOSES HIS HEAD

Wolf One-Eye has lost a number of things
Now he is losing his head

He stumbles in circles around himself
so fast that the seasons tangle and knot
like the thought of pain with the pain of thought

He wants to stop and drop anchor here
from the boat (the one they say we're all in)
and he calls it 'pulling himself together'
He swings the anchor chain around
faster and faster
but the song won't sound

He lets go

The anchor flies up but falls short of
the clear calm lake with its perch and pike
and the rare spotted crake
where he'd have been so happy to moor

and at that moment he loses control
and at that moment he crumples completely

VILKS VIENACIS BEZ APVALDA

Viņš ceļ mājas uz neapdzīvotām salām
kuras viņš nekad neapmeklē

Viņš rada ienaidniekus no draugiem
un draugus no beigtām lietām

Viņš rok pats sev bedres
kurās citi iekrīt

Viņš sarīko dumpjus streikus
pamestās darbnīcās
šķiež pienu uz savām asarām

Viņš mēģina sev iestāstīt
ka īstenībā ir mierīgs
kā piens kas neskarts
saskābst bļodā uz galda

WOLF ONE-EYE HAS LOST IT

He builds retreats on desert islands
that he will never visit

He makes enemies of friends
and befriends inanimate things

He digs his own pits
where others stumble and fall

He instigates riots and strikes
in derelict workshops
spills milk over his tears

He tries to convince himself
that he really is as calm
as milk that stands untouched
and slowly sours
in a bowl on the table

VILKS VIENACIS MIERĪGS

Vai viņa miers nav tikai māņi?
Vai viņa miers nav tikai nožēlojams
propagandas karš reklāmas kampaņa
uzspēlēta sūtība joks bez būtības?

Vilks Vienacis kļūst tik mierīgs
ka viņš pamazām sāk rūgt

Drošības pēc
viņš sevi apsmērē ar vāpi
tad ielec krāsnī

Tā miers taps pilnveidots

Tā Vilks Vienacis kļūs pats
par sava miera pieminekli

WOLF ONE-EYE AT PEACE

But if his peace was but a delusion?
But if his peace was but a pitiful
jingoistic swipe or promotional hype
a mission out of joint a joke without a point

Wolf One-Eye holds his peace so long
that he begins to swell and rise

As a precaution
he gives himself a quick glaze
and slides into an oven

For peace to be fulfilled

For Wolf One-Eye to become
a monument to his own peace

VILKS VIENACIS PIEMINEKLIS

Kad Vilks Vienacis ir sava miera
piemineklis
viņš arī ir piemineklis
tai sāpei kas tur iekšpusē mīt

Jo lielāks miers jo lielāka sāpe,
jo lielāks piemineklis –
ar ejām un
kāpnēm un liftu

ar kuru brauc „maksājošie apmeklētāji"
„eko-tūristi"
Pēc laiciņa caurā sāpe caurais miers
sāk irt savās vīlēs

Uz vāpes izplešas plaisas
Tās veido savādu musturu tīklus

Viņš ir (savas
agrākās uzvedības pārpalikums
kā) krastā izskalots vraks
kas ir pārpalikums
no sava agrākā kuģošanas derīguma

Viņš sāk labot pats sevi
Nē, vispirms viņš ap sevi
ceļ akmens māju, nolīgst analītiķus
ekspertus eksotiskus guru

Tad viņš to nojauc
atstāj tikai vienu logu
kā aci

WOLF ONE-EYE THE MONUMENT

As Wolf One-Eye is his own peace
monument
he is also a monument
to the pain immured inside

The greater the peace the greater the pain
the greater the monument
with passages
stairwells and lifts

to take up 'paying guests'
and 'eco-tourists'
With time the hollow pain hollow peace
starts to split along the joints

The glaze warps and cracks
and becomes fretted with tiny fissures

He is (a residue of
all his done deeds like)
a washed-up wreck
that is the residue
of its former navigational service

He begins to repair himself
No, first he puts up
walls all round, hires advisers
experts exotic gurus

Then he tears the house down
and leaves only a window
as an eye

VILKS VIENACIS UN IKDIENA

Ikdiena atnāca pie Vilka Vienača un ikdiena lūdza:
„Pierodi pie manis!" Vilks negribēja

„Bet es esmu pakāpieni kalnā
          un margas pie bezdibeņa malas!"
„Es negribu pakāpienus. Es gribu stāvu kāpienu!"

Vilka sapnis ir apvienot visus spēkus,
izmisumu nojautu un prieku,
vienā vienīgā normatīvā domā

Bet viņš pat nespēj izgudrot riteni

Un pašam negribot (nemanot)
pie viņa atnāca ieradums

„Es esmu stiprāks par tevi", viņš teica,
klupdams pār slieksni

„Maize nenāk tikai no ūdens", teica ikdiena
„Redze nenāk tikai no acs", teica Vilks

WOLF ONE-EYE AND FORCE OF HABIT

Habit came to Wolf One-Eye and pleaded.
'Get used to me', but Wolf declined

'I am steps up the mountainside
a parapet at the precipice!'
'I want no steps. I want a sheer ascent!'

Wolf has a dream to fuse his drives
despairs suspicions and delights
into one single normative thought

But he can't even invent the wheel

Without him wanting (or even noting)
habit got into him

'Of us both, I'm the stronger', said Wolf
as he tripped on the threshold

'Bread is cast not only on the water', said habit
'Sight is cast not only in the eye', said Wolf

VILKS CITS

Viņš nav (vairs) Vilks Vienacis
viņš nav (vairs) Vilks
viņš nav (vairs)
viņš nav
viņš

ir notiekošs radīšanas akts
Ziņa (pasaules mērogā)
bet vienlaicīgi izsens
Viņa dvēsele izkārta vispārības apskatei
ir savādāka bet veidā
ka neļaujas vārdiem

Ne tikai viņš, viss cits
ir zaudējis savu acīm redzamību:
No zemes augošu sēni
viņš neuztver tikai kā sēni
bet arī kā augšanu kā tādu

Tautas dziesma kuru viņš klausās
viņš neuztver kā dziesmas identitātes apliecinājumu
bet kā spēku
kuru tā pati neapzinās

Viņš pasper soli atpakaļ
paklūp pār savu agrāko es

„Kā es to darīju", viņš domā

Viņš iet lēnām pa cieto zemi
un jūt to šūpojamies kaut
viņš iet viņš šūpojas
ejot pa cieto
zemi (kas ir purvājs)

WOLF THE OTHER

He is not (any longer) Wolf One-Eye
He is not (any longer) Wolf
He is not (any longer)
He is not
He is

a current act of creation
news (from a global perspective)
but at the same time primaeval
His soul, hung up for public viewing
is different but in
a way that words can't say

he also knows that what he
doesn't know belies description

Not only he, all else
has lost its apparency
a toadstool pushing through the earth
he sees not only as fungus
but as growth itself

The folk song that he listens to
is not a testimony to its own affinity
but sheer force
unbeknown to the song itself

He steps back and
trips over his former self

'How did I manage that?' he wonders

He walks slowly on firm ground
and feels it slipping though
he walks he slips
walking on firm
ground (that was a slippery slope)

Viņa pārliecībā zeme ir cieta
Viņa gaita ir soli
        kas mālos atstāj savas pēdas

Viņš pats tagad ir tas otrais
Viņš ir tas pats bet cits (tas pats)

He is convinced that the earth is solid
His gait is stepping
                    leaving imprints in clay

He himself is now the other
He is the same but otherwise (the same)

VILKS VIENACIS UN NĀVE, VĒLREIZ

Kādu dienu Nāve brauc garām ormanī

Vilks saka: „Tad, kad es došos uz debesīm
mana acs jau būs redzējusi kā tur izskatās!
Tev nav te jābraukā turp un atpakaļ
katru dienu. Nevienu!"

„Es vēl joprojām esmu tava neizsakāmā atbilde", teica Nāve

„Tu neesi pat atbildes ēna,
tava smaka nav pat smaržas ēna, tāpat kā
mans miers bija tikai izmisuma ēna"

Nāve atstāja viņa redzes loku kas bija samazinājies,
bet kļuvis lielāks kā agrāk
                              Kā?
Tas vairāk sedz
ne tikai to ko redz

WOLF ONE-EYE AND DEATH, ONCE MORE

One day Death careened past in a carriage

Wolf said, 'When I go up to heaven
my eye will already have seen what it's like!
You don't have to keep driving round down here
day in and day out. Disappear!'

'I'm still your unsaid answer', called Death

'You are not even the shadow of an answer
your stench is not the shadow of a smell, just
as my peace was the shadow of despair'

Death withdrew from Wolf's narrowed field of vision
which was wider than before
                              How?
It covered more
than met the eye

VILKS VIENACIS JŪTAS BRĪVS

Vilks Vienacis augot ir pats savs sāncensis
bet tā nav sacensība
vai paša atspulgs
tā pat nav vajadzība

Varbūt tās ir sekas no notiekošas
uz vietas stāvēšanas, uz vietas sēdēšanas,
invertētas derības, neredzamas cerības?

Bet ar vienu reizi Vilks Vienacis jutās brīvs

Kas bija šīs brīvības (sajūtas) iemesls?
Kādas bija tās izpausmes?
Ko viņš pats apzinājās?
Vai viņš pats apsprieda savu brīvību?

Daži apstākļi būtu pieminami:

iemācītais uzvedības veids
bija nesvarīgs
tas kas nebūt nebija iemantots
bet piešūts

Tur viņš tātad stāvēja, tāds
pats kā visi citi ir, vienreizējs
un brīvs

gatavs nākt pretī un panākt

Viņa nenovīdībā pret aizmirstību
bija vēlēšanās
aiz durvīm un gaismotām ārsienām
tikai būt
tas kas viņš tikai bija
kad viņš ne tikai
glabāja savu būt

WOLF ONE-EYE FEELS FREE

Now as he grows Wolf One-Eye
is his own adversary
without any enmity
or self-complacency
for there is no more necessity

Is this then the end result of all
the sitting tight and standing still
all unstaked wagers, all unsprung hope?

Then at once Wolf One-Eye felt free

What was the reason for this sensation?
How did it manifest?
To what extent was he aware?
Did he give it consideration?

Some circumstances should be noted here:

acquired behaviours
were irrelevant
whatever wasn't inherent
was just a trapping

So there he now stood,
the same as all others, unique
and free

prepared to face and be faced

In the grudge he bore oblivion
was the wish he had
behind closed doors and a polished veneer
just to be himself
just to be what he was
when he wasn't just
keeping himself

kādā iepriekš iesaiņotā kārbā
ar slēdzi un atslēgu
un viņa vienīgais uzdevums
maiņas gaitā bija jau iepriekš
sarunāts:
pagriezt tuvākajā
lielveikalā iepirkto atslēgu

Arī nāvi viņš bija gatavs satikt
Nav jau tā ka viņam vairs nebūtu bailes

Bailes bija daļa no brīvības
tāpat kā brīvība bija daļa no bailēm

Lūk tāda bija viņa cīņa
pret laiku tā ēnu un smaku

in a package
under lock and key
and his only task
while changing
had already been agreed upon:
to turn the key he'd bought
in the nearest market

He was even ready to face death
Not that he felt no fear

fear was part of being free
As freedom was part of fear

Such was his struggle
with time its shadow and stench

ISTABA AR SKATU

Ir tik daudz par ko skumt
To viņš ļoti labi zināja:
strauja garāmslīdošu kustību deja
zvirgzdu savrocīgi sacerētā simfonija
kuru neviens neierakstīs
atšķeltā koka pārāk īsais dialogs ar zibeni
nogāzes pēkšņā pārvēršanās
uzkalnā

Bet kādu rītu kad Vilks Vienacis
uzmodās pavēra aizkarus
un vēroja sevi spogulī viņš redzēja –
zilas debesis zaļoksni jūru
un baznīcu

Viņš lēnām gāja lejup pa kalnu
Caur kļavu lapām viņš nojauta ūdeni
laivas prāmi peldētāju
Un pēkšņo lietu
kas beidzās pirms bija pat sācies

Un viņš domāja: „Es laikam šodien
esmu reti labā omā
samierinājies ar zaļoksni jūru
debesīm un baznīcu
sevī"

122

ROOM WITH A VIEW

There's so much to grieve for
He knew that so well:
the rapid flashing past of movement's dance
the short exchange between a cleaved tree
and lightning's bolt
downhill's sudden transformation
into uphill

But one morning when Wolf One-Eye
awoke drew back the curtains
eyed himself in the mirror he saw
blue sky a sea greenery
and a cathedral

He moved carefully down the slope
Through trees he caught a glimpse of water
boats leaves a ferry a swimmer
and a sudden squall of rain
that stopped before it even started

And he thought, 'I must be
in a remarkably good mood today
at peace with the green the sea
the sky and cathedral within me'

VILKS VIENACIS PAVASARĪ

Plaukstoši koki pil no debesīm
No zemes laužas balti un melni taustiņi

Klavieres uz kurām neviens nespēlē. Toņi skan tāpat
Tiem ir spārni, tie aizlido –

Bet Vilks Vienacis domā savā somā:
„kā skanēšu es, kad pavasaris uz manis spēlēs kā uz
klavierēm?"

Balti, bet ne tikai balti
Melni, bet ne tikai melni

No kokiem pil debess
un no taustiņiem izlaužas zeme

WOLF ONE-EYE IN SPRING

Leafing trees drip from the sky
Black and white keys sprout from the earth

A piano that no one plays. Still the tones sound
They are winged. They fly away

But Wolf One-Eye thinks in a blink
How will I sound, when spring plays me like
a piano?

White, but not only white
Black, but not only black

The sky drips from the trees
And earth sprouts from the keys

NO TUMŠĀM DEBESĪM

Nakts laikā bij redzama arī saule
un brasls pa kuru

it nekas dejoja aiz redzes loka
gar caurspīdīgajiem diedziņiem no nekā

Un kāds pieminēja akvāriju
kas bij bijis galvā

Netīrais ūdens bij atstājis klīstošus miglas plīvurus

Lēnītēm atausa ceļi un lauki un meži un sniegi
avoti ezeri niedrāji pauguri krūmāji sniegi

Ar miglas plīvuriem dejoja melni plankumi –
Dzīvības augļi bij atraduši savas beigas:

Sākumu

OUT OF THE DARK

It was night, but he saw the sun as well
And a causeway

where nothing danced beyond his field of vision
along transparent wisps of nothing

And someone mentioned the aquarium
that had been in his head

The gritty water had left drifting shrouds of mist

A slow dawning of all roads all meadows and forests and snows
pastures and rivers all reed beds and hillsides and snows

Spots of dark danced with shrouds of mist
The fruits of life had found their ending:

The beginning

SĀKUMS

Dzīvības augļi bij atraduši savas beigas
Ar miglas plīvuriem aizdejoja melnie plankumi –

avoti ezeri niedrāji pauguri krūmāji sniegi
Lēnītēm atausa ceļi un lauki un meži un sniegi

Veikli pirksti bij savienojuši gaismas artēriju
Netīrais ūdens bij atstājis klīstošus miglas plīvurus

kas bij bijuši galvā
Un kāds pieminēja akvāriju

gar caurspīdīgajiem diedziņiem no nekā
it nekas dejoja aiz redzes loka

un brasls pa kuru
nakts laikā bij redzama arī saule

no tumšām debesīm

THE BEGINNING

Fruits of life had sensed their ending
A black haze whirled with drifts of fog –

pastures and rivers, all reed beds and forests and snows
Slowly they brightened
all roads and all meadows and forests and snows

Nimble fingers had retied the artery of light
Gritty water had left the wandering haze

that had been in his head
And someone mentioned an aquarium

past transparent wisps of nothing
nothing at all jigged behind the field of his vision

and the causeway over which
it was night but he saw the sun as well

out of the dark

BIOGRAPHICAL NOTES

JURIS KRONBERGS was born in Sweden in 1946, his parents having fled as wartime refugees from Latvia the previous year. He is a poet, translator, freelance journalist and lecturer and has also worked in radio and as a Latvian-Swedish interpreter for the Swedish government and the Nordic Council of Ministers. He has served in the Latvian diplomatic service for ten years as the Latvian Cultural Attaché in Stockholm. He translates freely from Latvian to Swedish as well as Swedish to Latvian and has been instrumental in the introduction of all the major Latvian contemporary poets to Swedish readers as well as a great number of Swedish poets to a Latvian readership. His thirty translated books that have been published to critical acclaim in Sweden and Latvia include folksongs, novels and memoirs as well as poetry anthologies and for his services to the literature and culture of both countries he has received numerous awards including the Three Star Order from Latvia and the Swedish North Star Order.

He has had eleven collections of his own poetry published in Latvia and one collection in Sweden. The collection *Wolf One-Eye* was awarded the Latvian Writers' Union prize in 1997 for best poetry collection. His poems have been translated into a great many European languages. He lives in Stockholm and has four sons.

MARA ROZITIS was born in Sydney, Australia in 1952 to parents who were refugees from Latvia during the Second World War. She studied drama at Flinders University, South Australia and in 1980 she moved to Sweden to study Baltic Languages at Stockholm University. She has worked as an actress and theatre director, has written a number of playscripts in Latvian, worked in Swedish radio and is currently teaching English in a primary school in Stockholm. She has translated a number of Latvian poets into English.

JAAN KAPLINSKI (b.1941) is one of Estonian's most well-known writers and an influential member of society. He is known particularly as a poet, essayist and as an active participant in cultural debate. His works have been translated into several languages. The philosophical poetry of Kaplinski is influenced by both western modernism and classical Chinese poetry and philosophy. Kaplinski studied philology and linguistics at the University of Tartu from where he graduated in 1964. He has worked as a researcher in linguistics, sociology and ecology and has translated poetry from many languages into Estonian.

Also available in the Arc Publications
'VISIBLE POETS' SERIES
(Series Editor: Jean Boase-Beier)

No. 1
MIKLÓS RADNÓTI (Hungary)
Camp Notebook
TRANSLATED BY FRANCIS JONES
INTRODUCTION BY GEORGE SZIRTES

No. 2
BARTOLO CATTAFI (Italy)
Anthracite
TRANSLATED BY BRIAN COLE
INTRODUCTION BY PETER DALE
(Poetry Book Society Recommended Translation)

No. 3
MICHAEL STRUNGE (Denmark)
A Virgin from a Chilly Decade
TRANSLATED BY BENTE ELSWORTH
INTRODUCTION BY JOHN FLETCHER

No. 4
TADEUSZ RÓŻEWICZ (Poland)
recycling
TRANSLATED BY BARBARA BOGOCZEK (PLEBANEK) & TONY HOWARD
INTRODUCTION BY ADAM CZERNIAWSKI

No. 5
CLAUDE DE BURINE (France)
Words Have Frozen Over
TRANSLATED BY MARTIN SORRELL
INTRODUCTION BY SUSAN WICKS

No. 6
CEVAT ÇAPAN (Turkey)
Where Are You, Susie Petschek?
TRANSLATED BY CEVAT ÇAPAN & MICHAEL HULSE
INTRODUCTION BY A. S. BYATT

No. 13
GABRIEL FERRATER (Catalonia / Spain)
Women and Days
TRANSLATED BY ARTHUR TERRY
INTRODUCTION BY SEAMUS HEANEY

No. 14
INNA LISNIANSKAYA (Russia)
Far from Sodom
TRANSLATED BY DANIEL WEISSBORT
INTRODUCTION BY ELAINE FEINSTEIN

No. 15
SABINE LANGE (Germany)
The Fishermen Sleep
TRANSLATED BY JENNY WILLIAMS
INTRODUCTION BY MARY O'DONNELL

No. 16
MUTSUO TAKAHASHI (Japan)
We of Zipangu
TRANSLATED BY JAMES KIRKUP & TAMAKI MOTO
INTRODUCTION BY GLYN PURSGLOVE